钱静峰　编著

# 我的生涯笔记

Career Development Guidebook for High School

## 高中生涯发展
## 指导手册

三分册｜Book Three

上海交通大学出版社
SHANGHAI JIAO TONG UNIVERSITY PRESS

## 内容提要

　　"我的生涯笔记"为面向全国高中学生开设的生涯教育课程的配套使用教材,本书为高三分册,对高中学生的压力管理、应对考试焦虑、高考志愿填报的录取规则及技巧、决策冲突、提前适应大学、大学多元发展等关于高中生未来职业路径选择和生涯发展的方面进行了系统梳理和阐述,旨在助力学生的学习生活与志愿填报。

　　本书条理清晰,层次清楚,可读性强,可供高中学生以及家长、教师参考、阅读。

## 图书在版编目(CIP)数据

我的生涯笔记:高中生涯发展指导手册. 三分册/钱静峰编著. —上海:上海交通
大学出版社,2016(2020 重印)
ISBN 978 - 7 - 313 - 15569 - 6

Ⅰ.①我… Ⅱ.①钱… Ⅲ.①职业选择—高中—教学参考资料
Ⅳ.①G634.933

中国版本图书馆 CIP 数据核字(2016)第 182301 号

**我的生涯笔记**
——高中生涯发展指导手册(三分册)

| | | | |
|---|---|---|---|
| 编　　著：钱静峰 | | | |
| 出版发行：上海交通大学出版社 | | 地　　址：上海市番禺路 951 号 |
| 邮政编码：200030 | | 电　　话：021 - 64071208 |
| 印　　制：常熟市大宏印刷有限公司 | | 经　　销：全国新华书店 |
| 开　　本：787mm×1092mm　1/16 | | 印　　张：5.25 |
| 字　　数：56 千字 | | |
| 版　　次：2016 年 8 月第 1 版 | | 印　　次：2020 年 1 月第 4 次印刷 |
| 书　　号：ISBN 978 - 7 - 313 - 15569 - 6 | | |
| 定　　价：25.00 元 | | |

## 小确幸，大未来，一起来创造

很多时候，我们并不知道学习和未来，有着怎样的关联。

虽然我们一直被传递一个最为朴实的理念——学习，是为了未来可以给自己创造更美好的生活，为了追求更大的生命意义；今天学习的所有内容，都会使我们变得越来越有能力，越来越强大……

遗憾的是，这个理念，似乎并没能给我们多少动力和信心。现实的模样，是由谆谆的教诲、形影不离的作业、大大小小的考试，装扮着。

爱幻想，喜欢用质疑的视角看待周遭，开始追寻生命意义的我们，时常会疑惑，会问自己：今天学习的这些知识，在未来会有怎样的用处？未来，更好的生活会是什么样子？生命的价值何在？未来那个更强大的自己会是怎样？如果现在是 A 点，未来是 B 点，中间会经历什么？我自己能把握的是什么？未来要面对那么多的未知，我可以怎么办？

《我的生涯笔记》便试图帮助我们，一起解答这些疑惑。

它想教给我们，在每天学习之余，可以用更有效的方式探索——今天的我是怎样？未来的我，可以怎样？我为什么要做这些？未来，我还要做哪些？

它，更想教给我们，在每天的生活中，可以采取更实用的方法行动——充分利用身边的各种资源，用现实的、自己的努力去让问题转身，让自己绽放！

于是乎，我们会发现，小确幸，就这样发生了；小确幸，就这样被自己创造了！

久而久之，或许有一天，我们会发现，自己已经很强大了呢！甚至有一天，会让父母瞠目结舌，因为那时，我们在清晰、坚定地告诉他们："我们在做什么，我们还打算做什么，做了这些可以为自己、为社会带来什么，需要父母怎样的支持……"

接下来，会怎样呢？你一定可以预期！因为，我们一直知道一句至理名言：如果你真的想，全世界都会来帮你！

那时，小确幸，便会接连不断了吧？

所以，小确幸，大未来，都在自己手里。我们一起来创造！

# 目录

## Contents

第一课

# 舒缓压力，张弛有道

## ——压力管理

## 读一读

## 奇葩减压法

高中阶段学业压力增大,尤其进入高三集中强化复习的阶段,每个高中生都要面对心理压力增大的挑战,网上关于高中生减压的新闻报道流传不断,减压方式却令人错愕。

2016年五一放假期间,湖南常德汉寿两名高三女生为了减压,在火车轨道间劈腿大秀"一字马",抱着信号机摆POSE,拿着手机或自拍或互拍,完全沉浸其间,浑然不知信号灯变换,火车鸣笛声由远而近……民警见状,立即箭步上前,将两人拉下了铁路,就在离开道砟的瞬间,列车呼啸而过,民警惊出了一身冷汗,感慨:"这是拿生命玩自拍啊!"女孩们也已吓得走不动路。

一位高二学生在网上发帖称,自己减压的方式就是购物:"这次到香港主要是为了减压,高二学生伤不起啊。"帖子里,这名18岁的中学生展示了自己购买的大牌包包、饰品、化妆品,称这样的"败家"就是减压。

杭州某高中女生因课业压力重,一度很烦躁,无意间拔了几根头发,竟感觉舒服了,后来演变到不拔几根就睡不着,最后脑袋成为"不毛之地"。

　　另有一位男孩用给心仪女孩写情书的方式减压。每天睡前,他打开笔记本,仿佛找到了一个可以倾诉心声的对象,所有情绪喷薄而出。情书里,他写感情,写心绪,写理想,写责任,写对未来的期许……情书前后写了整整 2 个月,写满了笔记本的 108 页,每页平均 1 200 字,合计 13 万余字。写完情书,他感觉情绪得到了极大舒缓,轻松了许多。

　　如此奇葩减压法,你怎么看? 你是如何减压的呢?

## 学一学

　　压力是生理和心理上的一种被激发的状态,由外界的刺激过大,或者要求让人觉得难以达到或难以应对导致。用美国著名应激心理学家拉扎鲁斯(Lazarus)的话说,心理压力是个人感受到的要求与资源的不平衡感,个人感到的环境的需求已经超出了自身可以应付的能力,或者已经威胁到自身的心理健康(见图 1.1)。

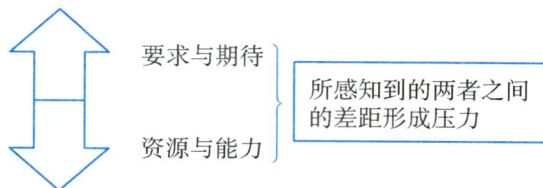

要求与期待

资源与能力

所感知到的两者之间的差距形成压力

图 1.1　压力产生的来源

通常我们想到压力,总觉得是一件不好的事情,会伴随着不好的感受。的确,当压力激发的身心反应过强时,会对工作学习造成不良影响,有害身心健康。会造成注意力不集中、肩部紧绷、腰疼、胃绞痛、双手发抖、语速过快、思维混乱、抑郁、焦躁、易怒等不良症状,甚至导致效率低下、潜能被埋没、自尊感低、缺少快乐和无价值感、活力衰退等。

但是其实压力包含着惊人的二重性。耶基思-多德森法则(Yerkes-Dodson Law)认为,各种活动都存在动机的最佳水平。动机不足或动机过分强烈,都会使效率下降。换言之,当个人的动机处于中间段最优值时,其效率是最高的。这又被称为"倒 U 型理论"(见图 1.2)。

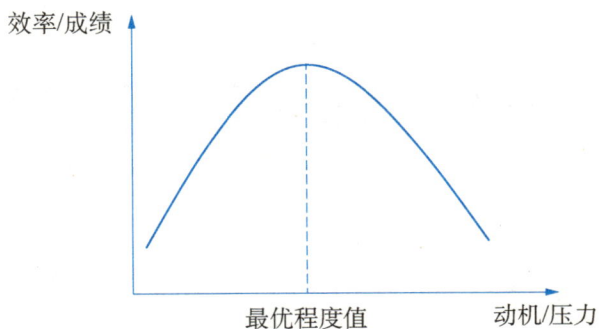

图 1.2　倒 U 型理论

## 压力管理,就是培养反弹能力

人在最初面对压力时,体验到烦恼与焦虑,但如能积极化解,感受到的就是力量与信心。面对压力,人们需要练就压力反弹能力(简称"压弹"),也就是人们在面对生活逆境、创伤、悲剧、威胁及其他生活重大压力时,体现出的良好适应能力,它是压力与应对的和谐统一。压力反弹可以起到激发潜能、振奋情绪,甚至增进健康的作用。

积极心理学的观点认为,压弹也是一种积极思维能力。面对不开心的事情,积极的思维会着眼于未来,尽量淡化压力的负面情绪体验;而消极的思维则纠缠于过去。换句话说,在面对压力时,如果能放开眼界和胸怀,从更长远的未来看眼前的困难,心怀希望,眼前的压力也就可以化为动力了。良好的压弹能力,使人善于化解各种生活压力,最终"压"与"弹"互为促进。

## 练一练

## 案 例 分 析

进入高三,面对即将到来的人生重要转折点,面对父母的殷切期待,不少学生都感受到了前所未有的压力。下面 3 个案例是高中生压力情境的典型例子,请大家以 6 人为一小组,通过思考讨论,列出至少 5 条有效的减压建议,帮助案例主人公进行压力管理。

每组请一位同学负责记录和汇总大家的建议(每个小组用 1 个字母做代

号,每条记录以组代号开头,以数字序号进行编号,比如 A 组 1 号、X 组 3 号),并代表小组向全班汇报。

案例一:来自考试的压力。学生小梅平时上课注意听讲,学习成绩中上等,且一直稳定,但是一遇到重要考试就非常紧张,担心自己考不出好成绩。考试前吃不好睡不香,经常生病,心律紊乱;考试时更加紧张,拿到试卷便思维迟钝,进入不了状态,平时得心应手的题目,一下子答不出来,大脑一片空白。

减压建议 1:＿＿＿＿＿＿＿＿＿＿＿＿＿＿＿＿＿＿＿＿＿

减压建议 2:＿＿＿＿＿＿＿＿＿＿＿＿＿＿＿＿＿＿＿＿＿

减压建议 3:＿＿＿＿＿＿＿＿＿＿＿＿＿＿＿＿＿＿＿＿＿

减压建议 4:＿＿＿＿＿＿＿＿＿＿＿＿＿＿＿＿＿＿＿＿＿

减压建议 5:＿＿＿＿＿＿＿＿＿＿＿＿＿＿＿＿＿＿＿＿＿

案例二:来自同学的竞争压力。学生小刘学习成绩很好,却十分担心别的同学超过她,整天争分夺秒地学习,从不允许自己玩一会儿。由于长期处于紧张状态,且时时害怕别人超过自己,渐渐地,焦虑过度,思想不集中,不能正常思维,满脑子担心"有人超过自己怎么办",久而久之,已经不能坚持正常学习。

减压建议 1:＿＿＿＿＿＿＿＿＿＿＿＿＿＿＿＿＿＿＿＿＿

减压建议 2:＿＿＿＿＿＿＿＿＿＿＿＿＿＿＿＿＿＿＿＿＿

减压建议 3:＿＿＿＿＿＿＿＿＿＿＿＿＿＿＿＿＿＿＿＿＿

减压建议 4:＿＿＿＿＿＿＿＿＿＿＿＿＿＿＿＿＿＿＿＿＿

减压建议 5：＿＿＿＿＿＿＿＿＿＿＿＿＿＿＿＿＿＿＿＿＿＿＿＿＿

**案例三：来自家庭的压力。**学生小李说，父母在生活上给了他无微不至的照顾，家务活从来不用他动手，他想吃什么就给他做什么，水果都是削了皮用牙签插好的。父母坦言他的任务就是好好学习，考上理想的大学。在别人看来，这是一个多么幸福的孩子，可一到考试，他就会担心自己考不好，对不住全家人，心里会很愧疚。

减压建议 1：＿＿＿＿＿＿＿＿＿＿＿＿＿＿＿＿＿＿＿＿＿＿＿＿＿

减压建议 2：＿＿＿＿＿＿＿＿＿＿＿＿＿＿＿＿＿＿＿＿＿＿＿＿＿

减压建议 3：＿＿＿＿＿＿＿＿＿＿＿＿＿＿＿＿＿＿＿＿＿＿＿＿＿

减压建议 4：＿＿＿＿＿＿＿＿＿＿＿＿＿＿＿＿＿＿＿＿＿＿＿＿＿

减压建议 5：＿＿＿＿＿＿＿＿＿＿＿＿＿＿＿＿＿＿＿＿＿＿＿＿＿

通过讨论和分享，汇集大家关于如何应对压力的智慧，并将其中对你有启发、可能对你有效的方法记录在"我的压力锦囊"任务卡中。

**分享问题：**

哪些压力应对方法你之前曾经使用过？效果如何？是否希望有所改进？

＿＿＿＿＿＿＿＿＿＿＿＿＿＿＿＿＿＿＿＿＿＿＿＿＿＿＿＿＿＿＿＿＿

＿＿＿＿＿＿＿＿＿＿＿＿＿＿＿＿＿＿＿＿＿＿＿＿＿＿＿＿＿＿＿＿＿

哪些压力应对方法你之前未曾使用过？对你今后应对压力有什么启发？

＿＿＿＿＿＿＿＿＿＿＿＿＿＿＿＿＿＿＿＿＿＿＿＿＿＿＿＿＿＿＿＿＿

＿＿＿＿＿＿＿＿＿＿＿＿＿＿＿＿＿＿＿＿＿＿＿＿＿＿＿＿＿＿＿＿＿

## 做一做

请你用 1 到 10 分评分的方式，评估一下你现在的压力感受程度，1 分代表"没有压力"，10 分代表"压力非常大"，分值越高表明压力越大。

我现在压力感受是_____分。

下面是 10 种压力管理的小方法，请从中选择一种或多种你希望尝试的方法进行课后练习。建议多尝试几种不同的方法，并比较哪种方法对你而言是缓解压力最有效的。

### 百宝箱——"10 出压力法"

（1）说出压力：就是通过找知心好友或心理咨询师来排解内心的烦恼，调整心态。

（2）写出压力：就是通过写作，如日记、散文、诗歌等来调整心态，积极应对生活。

（3）动出压力：就是通过某项体育运动，如跑步、打球、打太极等来调整心态。

我的生涯笔记——高中生涯发展指导手册(三分册)

(4) 唱出压力：就是通过唱歌,如卡拉 OK 等,来排解内心的烦恼,以调整心态。

(5) 笑出压力：就是通过讲笑话、调侃、聊天等来排解内心的烦恼,以调整心态。

(6) 泡出压力：就是通过泡澡,来排解烦恼,调整心态。

(7) 养出压力：就是通过养小宠物、花草来排解烦恼,调整心态。

(8) 帮出压力：就是通过帮助他人,如从事公益活动,来排解烦恼,调整心态。

(9) 坐出压力：就是通过坐禅、内观、静思、冥想活动来排解烦恼,调整心态。

(10) 游出压力：就是通过旅游来排解烦恼,调整心态,积极生活。

请你尝试体验这 10 种方法,评估压力的前后变化,填写在"我的压力锦囊"工具卡中。

练习＿＿＿＿＿＿＿方法后,我的压力感受是＿＿＿＿＿＿＿分,比之前＿＿＿＿了＿＿＿＿分。

练习＿＿＿＿＿＿＿方法后,我的压力感受是＿＿＿＿＿＿＿分,比之前＿＿＿＿了＿＿＿＿分。

练习＿＿＿＿＿＿＿方法后,我的压力感受是＿＿＿＿＿＿＿分,比之前＿＿＿＿了＿＿＿＿分。

**想一想**

(1) 有效的压力应对方法之间有什么共同点吗?

(2) 回顾你的过往经历,有没有一些时刻,压力给你带来了积极影响? 你是如何将压力转化为积极影响的呢?

# 考试镇静剂

## ——应对考试焦虑

读一读

## 小夏的故事

　　夏宏伟，高一学生。上初中（非重点学校）时，他学习成绩很好，是校团委的学生干部。上课认真听讲，积极思考，且思维活跃，对学习问题均能提出自己独到的见解，作业完成的质量也很高，经常受到教师的表扬。同学遇到难题也喜欢向他请教，他也总是竭尽所能地帮助那些有困难的同学，以达到共同进步。

　　夏宏伟以优异的成绩进入重点高中后，发现班级中的同学很多来自于重点初中，学习成绩、个人能力等方面都非常优秀，自己在这个班级中只能排到中等偏上的位置，这多多少少让他有点不适和难过。

　　带着沮丧的心情小夏迎来了升入高中后的第一次期中考试，果不其然，他只排到了第15名。面对这样的情况，小夏非常伤心，想不明白怎么忽然就不优秀了。

　　为此，他陷于了极度的苦恼之中，拼命想在学习方法上找出原因，并且加强了学习的强度，但成绩并没有多大的改善。以后每次的考试，小夏都有些担心,害怕自己依然不能取得靠前的成绩,不知道怎样跟父母交代,甚至想到如果碰到初中的老师和同学问起自己的学习情况他该如何交代。伴着这种焦虑情绪,小夏每次都无法专注于考试本身,成绩一直没有太大的变化。

小夏意识到自己不能这样下去了,如果任由这种焦虑情绪蔓延,自己可能有一天会被它吞没。因此他决定反击,给自己列出了三个应对的措施。首先调整自己,要允许自己有适应的时间,毕竟高中学习内容和方式都与初中有较大的不同,而且要接受"人外有人"的现实,悦纳现在的自己;第二规定自己每周必须进行有氧运动,既锻炼了身体,也调整了情绪;第三,要多和同学沟通,看看他们是怎样学习的,有什么好的心得和方法;遇到困难也不用完全闷在心里,可以向好朋友倾诉;此外暗示自己,我一定能够做到,战胜这种焦虑情绪本身就是一种成就,无论对于老师和同学,学习上努力了,内心上成长了,这就是最大的骄傲。之后,通过查阅资料,他还发现其实适度的焦虑是有助于进步的,只要让自己的焦虑情绪保持在一定水平即可。

因为小夏有意识的调节,他逐渐能够在考试中集中注意力。课下也与同学积极交流,借鉴好的经验,改进自己的学习方法,学习上也更有热情。因为了解了适度焦虑有助于考试发挥,他训练自己不再强迫抑制,而是让其处在适度的水平,帮助自己取得进步。

高一结束了,小夏带着一份优异的成绩和灿烂的笑容升入了高二,他跟自己说,一切才刚刚开始……

学一学

考试焦虑是指因考试压力过大而引发的系列异常生理心理现象，包括考前焦虑、临场焦虑（晕考）及考后焦虑紧张。心理学认为，心理紧张水平与活动效果呈倒"U"字曲线关系。紧张水平过低和过高，都会影响成绩。适度的心理紧张可对考试产生激励作用，产生良好的活动效果。但过度的紧张则会导致考试焦虑，影响考场表现，并波及身心健康。

## 考试焦虑的表现

怀疑自己的能力，忧虑、紧张、不安、失望、记忆受阻，并伴随一系列的生理变化，如血压升高、心率加快、皮肤冒汗、呼吸加深加快和大小便频率增加。这种心理状态持续时间过长会出现坐立不安、食欲不振、睡眠失常，影响身心健康。

## 考试焦虑产生的原因

考试焦虑产生的主观原因有：

自我期望过高,担心发挥失常,害怕辜负父母、老师的期望,这些情况容易让我们产生焦虑紧张心态。

自信心不足、自尊心强的学生,总有一种害怕被淘汰的心理,哪怕自己已经很努力了,一旦成绩不理想,就丧失信心,低估自己的能力和知识水平,遇到一点挫折就垂头丧气。

考试焦虑产生的客观原因有:

他人期待。有些父母一直期望子女在考试当中获得好的成绩,就在学习上不断施压,致使子女感到肩上的担子很重,难以达到父母的目标和要求,容易出现焦虑心理。老师对于学生的成绩与表现是有所期待的,所以有些同学希望通过好的成绩来获得老师的赞赏和关注,而这无形之中增加了学生的焦虑情绪。

同学之间的竞争。有些同学认为,同一班级的学生彼此之间存在着竞争。因此一直害怕别人超过自己,尤其是一些成绩好的同学之间竞争更是激烈,彼此间有一种对抗心理,相互暗暗努力,加班加点学习,从而产生焦虑情绪。

知识准备和应试技能不足也会影响我们的焦虑水平。如果准备不充分,知识上有欠缺,就会导致信心不足,从而更加紧张和焦虑。

考前身体状况不好。比如生病、失眠、过度疲劳等导致体能上竞技状态不佳容易产生焦虑。

练一练

## 深度了解自己的考试焦虑

请认真填写回答下面的问题：

（1）当你感到焦虑的时候，都在想些什么？

_____

_____

（2）请将给你带来焦虑情绪的因素进行分类：

主观因素：_____

客观因素：_____

（3）针对这些因素你想到的安抚自己的方法是什么？你曾经做过什么帮
　　助自己缓解焦虑情绪？

_____

_____

## 做一做

如下练习,可以坐着或站着做 2 分钟,也可以做 20 分钟;可以一天做一次,也可以一天做几次;可以一个人做,也可以几个人一起做。

找一个合适的姿势,左手放在自己的小腹部,右手摸着自己的心脏,眼睛可以闭上也可以睁开,只要把你的注意力集中在呼吸的感觉上即可。关闭电子设备,不要分心,选择不容易被打扰的地方。听自己的呼吸,感受自己的心跳,还有腹部的起伏,像是给自己的身体一个拥抱,让身心得到彻底的放松。

## 想一想

(1) 考试焦虑可以避免吗?

(2) 考试焦虑会造成怎样的影响?

(3) 如何应对考试焦虑?

# 院校志愿怎么填

## ——志愿填报 1

## 读一读

### 院校志愿填报的得与失

　　王磊、刘宇同学都是 2015 年北京市的高考考生。王磊，理科，高考分数 597 分，却因错误定位和各平行志愿间梯度不合理，错失第一批本科的录取。

**王磊同学第一批次志愿填报表**

| 志愿 | 院校 | 该院校 2015 年北京市录取分数线 |
|---|---|---|
| A 志愿 | 中央民族大学 | 638 |
| B 志愿 | 首都经济贸易大学 | 605 |
| C 志愿 | 天津财经大学 | 603 |
| D 志愿 | 中国矿业大学 | 602 |

　　刘宇，理科，高考分数 549 分，因合理填报志愿，接近压线进入一本院校。

我的生涯笔记——高中生涯发展指导手册(三分册)

### 刘宇同学第一批次志愿填报表

| 志愿 | 院校 | 该院校 2015 年北京市录取分数线 |
|---|---|---|
| A 志愿 | 东北农业大学 | 563 |
| B 志愿 | 辽宁大学 | 554 |
| C 志愿 | 北京农学院 | 550 |
| D 志愿 | 东北林业大学 | 548 |

如何填报高考志愿才能充分发挥所考分数的价值？我们应当充分了解高考志愿填报的规则，掌握一定技巧，才能占得先机。

## 学一学

高考志愿填报对高考录取结果起到了关键性的作用，它不仅关系着考生 3 年学习的结果、4 年的大学经历，更与考生未来的人生发展有着重要的关系。有这样一句话来形容高考志愿填报的重要性，"三分成绩，七分志愿"。可见，志愿填报有时候比高考本身更重要。

目前，我国高校的录取主要为平行志愿，分批次进行。根据国家高考改革意见，未来高考录取的趋势将减少批次，逐步融合二本、三本，甚至取消第一批、第二批的批次设置。由于目前现行的录取主要仍然包括提前批、第一批本科(一本)、第二批本科(二本)、第三批本科(三本)、第四批高职(专科)等,因而,本节将按照现行主流录取方式介绍志愿填报录取方式、注意事项及技巧。

## 常见名词解释

### 批次控制线

根据各省(直辖市、自治区)考生高考成绩水平和招生计划,按一定的比例确定各批次、各科类最低成绩标准,一般是按招生计划数 1∶1.2 的比例确定。如某省今年理科计划招生 1 000 人,则将该省考生按照分数排名,排序在 1 200 位的考生分数即为该省理科第一批批次控制线。

### 高校投档线

又称院校调档分数线,一般是按招生计划数 1∶1.2 以内的比例确定投档。例如第一批某校文科计划招生 30 人,填报且成绩在第一批本科录取控制分数线上的有 50 人,省招办按招生计划数的 1.2 倍(30×1.2)需投档 36 份,计算机将这 50 人按招投总分从高分到低分排序,排序在第 36 位考生的招投总分即为该校本批次文科类的调档线。平行志愿录取规则实行后,许多院校改用 1∶1.05 的比例投档。

## 高校录取分数线

按照投档线投档，高校审阅档案并将不合要求的档案退档后，所有录取考生的最低成绩即为该院校的录取分数线。

## 高考位次

高考位次是按照所在科类的文化课分数由高到低排列的，总分相同时，按照单科分数由高到低依次排列，总分与单科分数全部相同时，属并列位次。

## 征求志愿

征求志愿是指对于某录取批次第一轮录取结束后未完成招生计划的院校，由省教育考试院向社会公布院校招生缺额计划，考生再根据缺额计划在当地招生办填报"征求志愿"，这样使得在该批次政策录取时落选的考生可以获得被录取的机会。

# 录取规则与填报技巧

## 录取规则

高考录取批次是指高考结束后，不同高校录取时会根据一定的顺序先后录取。一般来说,高考录取批次分为提前批、第一批本科(一本)、第二批本科(二本)、第三批本科(三本)、第四批高职(专科),每一个批次对考生分数要求不同。

## 注意事项：避免批次填报的浪费

同一批次录取结束之后,再进行下一批次志愿录取。因此,若没被上一批次志愿录取,也不影响下一批次志愿录取。一名考生如果评估自己被录取希望最大的院校为第二或第三批本科,也不要浪费了第一批或提前批志愿的填报,因为如果填报得当,可以使自己多获得一些机会。

此外,一些考生在填写了一批志愿之后,后续各批志愿便不再填报,这也是一种风险很大的填报方式,因为志愿表不填的部分即意味着放弃。因而,考生填报志愿时,需慎重考虑自己是更看重心中最理想的院校批次,还是更看重进入大学学习的机会,以及能否接受落榜的结果,综合分析,理智做出决定。

## 批次录取改革趋势

根据国家高考改革的意见,越来越多的省份宣布合并高考本科录取批次。上海率先宣布 2016 年完全合并高考本科录取批次,不再区分一本二本。在高考录取批次合并的道路上,其他各个省份开始陆续效仿上海的做法。目前,山东省和海南省相继宣布,2017 年起,高校录取不再分一本二本。另外,河北、

我的生涯笔记——高中生涯发展指导手册（三分册）

广东、辽宁、湖北、江西等地也陆续推出一些合并录取的政策，具体的信息可以参考每个省份的官网。

　　总的来说，高考本科录取批次的合并已是大势所趋。对于全国的本科院校来说，高考招生录取上即将进入到更为平等竞争的时代。因此，对于学生而言，将享受更多的教育公平和就业公平。

## 提前批填报及其注意事项及技巧

　　提前批次录取是根据国家教育部的有关规定，将一部分招生类别、性质、专业基本相同或相近的学校和国家教育部批准提前录取的一些学校集中起来，在大规模招生之前进行提前录取。一般多为艺体类、军事类、公安类、小语种类、护理类、飞行类和特殊类院校等。

### 明确招生政策规定

　　提前批相关招生院校及专业往往具有特殊性，因而提前批的招生政策体现出许多限制条件，例如身体条件要求、性别限制、体检面试程序等。报考提前批之前，务必明确了解具体院校的报考条件和录取限制。

### 慎重对待：不忽视，不轻填

　　很多考生认为自己不考虑艺体、军事等特定类别的专业，从而忽视提前批的录取。事实上，近年来列入提前批录取的院校（专业）在逐渐增加，包括香港地区的香港中文大学、香港城市大学、国防生招生以及一些院校的特殊专业，这扩大了提前批志愿填报的选择。

填报提前批志愿的考生需要注意的是，由于各批次志愿是依次录取，被上一批次志愿录取，以后所有志愿自然失效。因此，考生若在提前批填报了专科或二本专业，一旦被提前批录取，即使个人高考分数达到了更高一级的批次线（如二本或一本，甚至是重点线），也会直接被提前批院校录取，失去后续机会。

因此，考生需慎重对待提前批的志愿填报，清晰了解招生院校设置，合理分析个人成绩水平，做到不忽视、不轻填。

### 保持第一志愿、第二志愿间的梯度

多数省份的提前批院校录取仍按等第志愿录取方式进行，即按照志愿优先的原则，先录取第一志愿，第一志愿录取结束后，再录取第二志愿。因而在提前批志愿填报中，第二志愿及后续志愿录取概率较低，第一志愿的填报变得至关重要，建议选择有一定把握的院校填报。此外，可根据往年提前批招生院校的录取分数，选择保底院校或冷门院校填报第二志愿，尽可能使第一志愿未能录取时第二志愿起到作用。

## 平行志愿录取规则与填报技巧

### 平行志愿说明

"平行志愿"是指在规定的录取批次中，考生可以填报若干个院校志愿，院校之间是平行关系,按照"分数优先、遵循志愿、集中投档"的规则进行投档。"分数优先"指达到批次录取最低控制分数线的考生,按考生成绩从高分到低分的顺序,从第一名考生开始依次投档;"遵循志愿"指由计算机对每个考生所填报的平行院校志愿,按顺序依次检索,若 A 志愿院校未录满,则投报到 A 院校,A 院校录满,则再继续检索 B 院校,依次类推,若所有平行志愿院校都录满,则等待征求志愿;"集中投档"指所有考生志愿投报完成后,一次性集中投档到院校,因此无论是哪一志愿投档,对录取院校均为第一志愿,但相对的,若投档到该院校后未被录取,则会被直接划为等待征求志愿,不再有机会投档到其他平行志愿院校。

## 平行志愿填报注意事项及技巧

平行志愿录取方式大大降低了落榜的概率,考生和家长的心理负担也较大程度得到减轻。然而若考生存在自我定位不当、志愿间梯度不合理等志愿填报误区,仍然会面临较大风险,因而,平行志愿的填报仍需注意志愿的有效定位和合理梯度。

### 有效定位

平均数定位:参考高校近三年的平均录取分数线,对比自己的高考分数来定位。由于每年高考题目不同、难度不同,平均数定位法容易出现较大误差。

线差定位:参考往年高校录取分数线—去年该高校所在批次的分数差

值,对比自己的高考分数—今年批次录取控制线的分数差值来定位的方法。由于各分数段的学生数量分布每年不同,线差定位法也存在一定误差。

名次定位:参考往年高校录取学生在该省市的排名,对比自己在该省市排名来定位的方法。平行志愿录取方式实行后,学生依据分数排名依次投档,位次定位法越来越被认为是相对来说准确性更高的方法。

## 各平行志愿间形成合理梯度

假设平行志愿为 4 个院校的情况下,梯度排列可参考"口诀"——"冲一冲、稳一稳、保一保、垫一垫"。

A 志愿冲一冲:可填报自己定位的学校范围中较理想的学校,即自己的分数等于或略高于该高校往年录取分数线,或排名与该校往年录取名次后几名相匹配的学校。要注意的是,A 志愿"冲一冲"也是建立在有效定位的基础上,慎重填报比较理想且有一定把握的院校,而不是盲目乱冲,浪费志愿;

B 志愿稳一稳:填报与自己成绩"门当户对"的学校,即参考高校往年录取学生的平均分数或平均名次来定位的学校;

C 志愿保一保:填报比自己成绩稍低点的学校,即参考高校往年录取学生的较高分数或较高名次来定位的学校;

D 志愿垫一垫:填报垫底学校,如录取线通常为批次线的学校。

我的生涯笔记——高中生涯发展指导手册（三分册）

## 练一练

### 高考志愿填报小测试

（1）如某省设置 A、B、C、D 4 个平行院校志愿，当年该省文科状元在填报志愿时，A、B、C 都没有填报，只在 D 志愿填报北京大学，请问他能被北京大学录取吗？为什么？

（2）某省理科状元在填报志愿时，A 志愿填报上海交通大学，B 志愿填报清华大学，请问他能被清华大学录取吗？为什么？

（3）考生甲高考 650 分，他在 A 志愿填报复旦大学，考生乙高考 651 分，他在 B 志愿填报复旦大学，请问复旦大学是先录取考生甲还是先录取考生乙，为什么？

（4）如果分数刚好达到一本线，填报了第一批志愿但未被录取，会不会影响第二批志愿学校的录取？

（5）某考生填报了提前批二本类师范类学校，但她的高考分数超过了重点分数线，请问她可以不去提前批师范类学校吗？

问题：

（1）你认为平行志愿对高中生来说最大的好处是什么？

（2）最近高考改革逐渐取消批次录取，这对我们未来填报志愿会有什么
　　　影响？

做一做

请上网查询你感兴趣的大学近年的分数线，假设你即将填报高考志愿，结合自己的实际情况，写出你的 4 个平行志愿，并说明你这么安排的原因？

| 志愿 | 学校名称 | 原　因 |
|------|----------|--------|
| 第一志愿 |  |  |
| 第二志愿 |  |  |
| 第三志愿 |  |  |
| 第四志愿 |  |  |

我的生涯笔记——高中生涯发展指导手册(三分册)

想一想

(1) 你认为在志愿填报的过程中,最需要注意的是什么?

(2) 你觉得志愿填报对你的人生有什么意义和影响?

# 专业志愿怎么选

## ——志愿填报 2

## 专业志愿的取与舍

李丽婷，2015 年北京市文科考生，高考分数 610 分。北京地区 2015 年文科第一批次控制分数线为 579 分，李丽婷 A 志愿填报的是华中师范大学，该校 2015 年北京市录取分数线为 603 分。李丽婷被华中师范大学顺利提档，却因为报考了热门专业，且没有选择服从调剂，最终一本落榜。

刘丁宁，辽宁省 2013 年高考状元。以 668 分考入香港大学，并获得全额奖学金，但开学仅一个月，刘丁宁就辞别香港大学，重回高中复读。为了进入北大中文系"追寻更纯粹的国学"，放弃香港大学学籍和 72 万元全额奖学金，刘丁宁觉得，在香港一直待下去，等考研究生再回到北大，花费这个时间没有任何意义，这不是她想追求的，干嘛在这儿浪费时间，与其这样不如再重新选择一次。

吕德鑫，2005 年德州齐河县高考理科状元，总分 669 分，入读同济大学。2008 年，已经是同济大学自动化专业大四学生的他，选择了退学复读。吕德鑫告诉记者，大学并不像他想的那样，对自己所学的专业也不感兴趣，自己在大学里混日子,错过了转专业、修双学位的机会,也没交到知心朋友。于是他选择了退学复读,想重新开始,复读目标是北大或香港高校的商科专业。

有考生因不接受专业调剂落榜,有高考状元因没有学到喜欢的专业退学……专业志愿,究竟该如何填报? 能否接受调剂到不感兴趣的专业? 选大学还是选专业? 面对志愿填报,专业选择总是一个难题……

## 学一学

## 专业录取规则

目前,院校现行的专业录取规则共有 3 种,这就要求考生在填报志愿时,看清所填院校采用的专业录取方式,以选择相应对策,有针对性地进行专业志愿填报。

### 分数优先

该录取方式与院校平行志愿的录取方式类似。即将所有投档进该院校的考生按照分数高低依次排序,从第一名开始依次检索各专业志愿,各志愿都没有成功录取的考生进入志愿调剂或退档。

## 专业志愿优先

该录取方式与院校等第志愿的录取方式类似。即将所有考生先按第一志愿专业分类,再将各专业类别下的考生按照成绩高低依次排序,排名在该专业招生人数范围内的考生被该专业录取,没有录取的考生等待第二志愿专业重新分类排名和录取,依次类推,各志愿都没有成功录取的考生进入志愿调剂或退档。

## 分数级差

该录取方式同时兼顾到分数和志愿顺序,是目前院校专业录取中较多使用的规则。依据该规则,先将所有投档进院校的考生按照分数高低依次排序,从第一名开始依据专业志愿依次投档,不同于平行志愿的是,若某考生在投递第一个专业志愿时,该志愿已录满无法录取该考生,则不会立刻直接投档第二个专业志愿,而是要依据规定的专业级差分进行减分,重新加入剩余等待投档的考生队列重新排队,等再次排到自己再进行第二专业志愿的投档。任一志愿未被录取都会根据级差分减分再排队,依次类推。各专业志愿间的级差分由院校制定,各院校不同。

我的生涯笔记——高中生涯发展指导手册（三分册）

# 专业填报技巧

## 合理定位，根据具体院校专业特点从热到冷依次填报

像填报院校一样，专业的填报也应该基于有效的分数定位，根据不同的录取规则，从热到冷依次填写，保证合理梯度。

需要注意的是，专业的冷热程度除了考虑专业本身之外，也需要结合所报考院校的专业排名、专业设置等因素综合考虑，大众认为相对冷门的专业，可能在所报考院校因专业排名较高、专业特色鲜明或就业率较好等原因，成为该校热门专业，专业竞争激烈。因而，考生填报时，需具体考虑具体院校的专业特点。

## 深入了解专业，考虑专业与个人的匹配

除了考虑分数之外，专业填报同时需要在深入了解专业后考虑其与个人兴趣、能力等特质的匹配。根据自己的兴趣，尽量选择自己兴趣范围内的专业，避免完全没有兴趣甚至排斥的专业。同时，一些专业虽然没有硬性考试要求，但培养与学习过程中如果具备一些方面的能力则学习可能更加顺畅，如园林专业最好有绘画、美术基础，昆虫学需要有一定的自然观察及动手操作能力等。因而，与个人特质是否匹配也是填报专业的重要考虑因素之一。

### 是否"服从调剂"影响录取机会

考生分数过了某校投档线被该校提档后，若该考生分数低于所报专业的录取线不能被录取，同时该校仍有其他专业未录满，服从调剂便会将该考生录取进入未录满的某个专业，不服从调剂则该学校不能录取该考生，会将该考生退档。由于平行志愿录取规则下同批次一次集中投档，退档后只能等待征求平行志愿，存在很大的降批次录取的风险，因而，考生需要慎重考虑是否选择"服从调剂"。如果确认"服从调剂"，可大大增加被录取的机会，但可能被调剂录取到不愿意就读的专业。因而建议考生将院校志愿填报与专业填报综合考虑，填报愿意服从调剂的院校。

## 专业 VS 大学，优先考虑谁?

### 有较明确的专业或职业倾向的考生

对于比较明确自己想选择什么专业或从事什么职业的考生，志愿填报时可以以保证专业录取为主，适当匹配有一定把握的院校填报。

值得提醒的是，在高校招生专业存在选择空间的前提下，各专业志愿可尽量填报和自己喜欢的专业在同一学职群①的其他专业，这样，即使第一专业志愿未被录取，其他录取专业也与喜欢的专业更接近，提高了跨专业学习和就业

---

① 关于学职群的详细介绍，可参见：我的生涯笔记——高中生涯发展指导手册(一分册)。

的可能性。

## 追求均衡发展的考生

对于成绩达到一定水平、可接受的专业范围比较宽、追求均衡发展的考生,可以以选择学校为主,尽量填报"985"、"211"类偏重通识教育的高层次院校。

"985"、"211"院校层次较高,获得的资源更丰富,办学实力更强,办学条件更好,与其他一般重点院校在品牌影响、师资力量、文化氛围上差距甚大,且一般更偏重通识教育,未来跨专业就业的机会也更多。因而,对于追求均衡发展的考生,在实力允许的情况下可以以选择更高的层次的院校为主。

需要提醒的是,在志愿填报前,考生需要提前了解意向院校在该省市的所有招生专业,看清是否有自己十分排斥不希望被调剂到的专业。如果有,可以考虑尽量避免填报该院校。此外,大学学习过程中,着重通过专业学习培养学习能力、思维能力等综合素质,达到专业知识、技能和素质的均衡发展。

## 以就业为导向的考生

对于定位在就业导向、非高层次院校的考生,可以以选择自己感兴趣、有特色的专业为主。

从学校办学实力、办学条件、社会影响等方面来看,非高层次院校办学整体差异不大,主要为特色专业之间的差异。且主要以职业教育为主,培养专业人才,毕业后专业内就业的可能性更大,专业外就业竞争力相对较弱。因而,对于以就业为导向的考生选择专业更加重要。

当然,在院校和专业的选择中,还有地理位置、重要人士意见、个人和家庭、原有社会资源等许多其他因素影响。因而,在志愿填报中,可以结合各方因素综合考虑。

## 练一练

## 大学 VS 专业?

在学业选择中,就读更好的大学更重要,还是学习感兴趣的专业更重要? 又或者有其他对你更重要的考虑因素?

让我们在决策平衡单的使用过程中,体验和思考一下,对自己来说,志愿填报中更重要的是什么?

(1) 列出选项:A 空格填入你的学业水平下能够报考的最理想的大学;B 空格填入你最喜欢的专业。

(2) 列出影响决策的考虑因素。哪些因素是自己看重的,是大学品牌? 个人兴趣? 还是其他因素……这些因素因人而异。可以参考使用提供的考虑因素，并补充对自己来说重要的因素。

（3）赋予各参考因素权重。这里的权重是依据该考虑因素对自己的重要程度来进行 1～5 分的赋值。最重要是 5 分，分数随重要程度降低，最低是 1 分。即对自己越重要的因素赋值越高，反之则越低。每个项目的权重会因人、因事、因环境而不同，请依据考虑项目的重要性与迫切性分别为各项分配权重。

（4）评分。针对每个要素进行打分，优势因素得正分，劣势因素得负分，计分范围从 −10 到 10。

（5）用步骤 4 中各分数乘以各因素的权重，得出该因素项得分或失分，分别计算出不同选项的得失总分，最后计算出总分，并进行比较。

## 志愿填报决策平衡单

| 考虑因素　＼　选项 | 权重 | 选项一：A ＿＿＿＿大学任一专业 | | 选项二：B 非理想大学＿＿＿专业 | |
|---|---|---|---|---|---|
| | | 得（＋） | 失（−） | 得（＋） | 失（−） |
| 1. 大学品牌 | | | | | |
| 2. 符合个人兴趣 | | | | | |
| 3. 发挥能力优势 | | | | | |
| 4. 学校地理位置 | | | | | |
| 5. 教学质量 | | | | | |
| 6. 学习难易程度 | | | | | |

（续表）

| 选项<br>考虑因素 | 权重 | 选项一：<br>A _____ 大学任一<br>专业 | | 选项二：<br>B 非理想大学 _____<br>专业 | |
| --- | --- | --- | --- | --- | --- |
| | | 得<br>（＋） | 失<br>（一） | 得<br>（＋） | 失<br>（一） |
| 7. 未来就业环境 | | | | | |
| 8. 重要人士意见 | | | | | |
| 9. 原有社会资源 | | | | | |
| 10. | | | | | |
| 11. | | | | | |
| 12. | | | | | |
| 合计 | | | | | |
| 得失差 | | | | | |

**分享：**

（1）在学业选择中，你都考虑了哪些因素？最重要的考虑因素是什么？为什么？

（2）平衡单的计算结果是否是你真正想选择的？你是否还有犹豫和顾虑？

（3）使用决策平衡单的过程中，哪些空格最难填？为什么？

决策平衡单，是用科学的方法，给我们的决策参考因素附以权重并赋值，通过计算分数，帮助我们综合权衡得失。孰优孰劣，最终会一目了然，值得一试。

我的生涯笔记——高中生涯发展指导手册（三分册）

做一做

根据自己的平时成绩或目前的模拟考试分数，进行模拟志愿填报。

| 批次 | 志愿 | 院校 | 专业 | | | | 接受调剂 |
|---|---|---|---|---|---|---|---|
| 提前批 | 第一志愿 | | | | | | ☐ |
| | 第二志愿 | | | | | | ☐ |
| 第一批次 | A志愿 | | | | | | ☐ |
| | B志愿 | | | | | | ☐ |
| | C志愿 | | | | | | ☐ |
| | D志愿 | | | | | | ☐ |
| 第二批次 | A志愿 | | | | | | ☐ |
| | B志愿 | | | | | | ☐ |
| | C志愿 | | | | | | ☐ |
| | D志愿 | | | | | | ☐ |

（续表）

| 批次 | 志愿 | 院校 | 专业 | | | | | 接受调剂 |
|---|---|---|---|---|---|---|---|---|
| 第三批次 | A 志愿 | | | | | | | ☐ |
| | B 志愿 | | | | | | | ☐ |
| | C 志愿 | | | | | | | ☐ |
| | D 志愿 | | | | | | | ☐ |

**？ 想一想**

（1）有哪些方式可以详细了解到高校招生、录取政策和历年招生分数、人数等录取情况？

（2）反思自己的决策风格，考虑在志愿填报过程中，你可能存在哪些不足？如何避免？

# "青春期"不言逆

## ——决策冲突与协调

读一读

## "傻瓜"的智慧

　　法罕是电影《三傻大闹宝莱坞》的主人公之一。在他出生的第二天,父亲就自豪地向亲友宣布:"我的儿子将是一个工程师。"从此,他的命运之戳就此盖下。之后,他以父亲的期望为目标,大学时考入了皇家工程学院,并希望通过努力,获得学位,换取体面的工作、较高的薪金和社会地位。

　　然而,法罕的心里,一直还藏着一个想做动物摄影师的愿望,但因不想让父亲失望,所以从不曾表露。一次偶然的机会,法罕向好友兰彻提起了这个想法。之后,兰彻私下将法罕拍的照片寄给了著名动物摄影师——安德烈·伊斯特凡。安德烈·伊斯特凡很是欣赏,并向法罕发出了邀请函,请他担任其助理一职。

　　面对邀请函,法罕很心动,但却一时不知道如何向父亲交代。毕业在即,是去做父亲期待的工程师,还是追寻梦想——做自己向往的动物摄影师?最终,在朋友兰彻的陪同下,法罕回家和父亲表明了自己的理想:"爸爸,如果我当了摄影师会怎样?赚少一点的钱,买小一点的房子,开小一点的车,但我会很幸福,会真正的快乐。"

听了法罕的述说,父亲才意识到,一直以来,儿子都在牺牲自己的理想,完成父亲的凤愿。最终,法罕得到父亲的理解和认可,从事了动物摄影工作,并成了一名著名的动物摄影师。

## 学一学

## 与父母的生涯决策冲突应对

当我们需做出重大抉择时,都希望能按照自己的想法来安排人生道路,并希望父母亲人能多给予鼓励和支持,而不是一味地反对。但是若我们的想法和他们的想法有很大冲突怎么办? 究竟可以做些什么来改善父母对我们的"不支持"呢?

### 平静情绪,分析自我

当和父母发生决策冲突时,先让自己的情绪平静下来,用比较平和的态度分析一下让自己如此苦恼的原因究竟是什么? 是气愤父母不理解自己,还是觉得父母的态度伤害了自己的自尊心？是选择本身存在分歧，还是彼此的沟通方式出了问题？通过这些思考找到引起自己情绪的原因，然后针对相应的问题寻找解决的办法，将情绪和决策本身分离开来，让自己更清醒和理智。

### 设身处地，倾听父母

在与父母发生决策冲突时，很多时候父母会使用家长权威，以此压制和说服我们。如果此时我们也态度强硬，双方冲突升级在所难免。其实站在父母的立场想想，他们确实还是在为我们考虑，如果能够不带偏见地倾听父母的想法，并传达出你对他们的理解，再来表达自己的想法，可能一方面父母会受我们接纳态度的影响而缓和下来，另一方面父母也能够平心静气，倾听我们的想法与感受，心平气和地听听我们对学业、职业和未来的看法。能够站在对方的立场考虑并表达，是对对方的尊重，也是解决冲突的前提。

### 把握时机，表达看法

当父母感受到接纳、情绪缓和的时候，我们便可以把握这个时机，表达自己的观点和主张。可以心平气和地与父母交谈，包括各种选择的信息，未来发展前景，所做选择的正负面结果，自己的目标与价值主张，所做的选择以及执行计划等等。此外，以父母能够接受和理解的方式向父母说明自己喜欢并坚持的原因。也许父母一时还不能改变想法，但是他们能够感受到这是我们做出调查研究后的选择，是经过深思熟虑的，因此也会理解并扭转他们的态度。

我的生涯笔记——高中生涯发展指导手册(三分册)

### 努力争取,寻求理解

每个人做决策时都会依据自身的经验,而经验其实是一种长期积累的结果,要在短时间内做出大幅度的更改和调整,无论对父母还是对我们自己来说都是不容易的。因此在我们坚持自己想法的同时,也应该体会到父母对他们想法的坚持。不管是学习还是生活中,我们有时无法和父母的观点完全相同,更多的时候是要通过自己的努力,寻求父母对于我们所做选择的理解,然后再共同协商,达成决策。

总之,当父母对我们所做的选择有意见时,可以尽力让他们感受到意见被重视,对我们做决定过程中的种种考虑以及对未来的规划多些了解,这将有助于提升父母对我们的信任感。相信父母也很乐意看到自己的孩子能够深思熟虑,理性做出适合自己的决定。

## 练一练

### 决策冲突对对碰

以小组为单位,在以下两个情境中任选一个进行角色扮演。

情境一：填报志愿时倾向选择物理学，但父母坚持让我选择金融方面的专业。

情景二：我的成绩不是很好，对知识及理论学习没有兴趣，但对烹饪有极大兴趣。因此我不想读本科院校，而是想读高职高专学习西餐料理的专业技术。但父母坚持让我考本科院校，获取本科学位。

完成角色扮演后，小组内讨论以下问题：

（1）平常我们为什么会与父母发生冲突？根源在哪里？

（2）今天的学习让你在看待与父母的冲突问题时有什么新的认知和感受？

**做一做**

找一个你在生涯方面跟父母看法不一致的地方，理性分析你们看法不一致的原因，站到父母的立场思考他们为什么会有与你不一样的想法，然后给他们写一封信来理性地沟通这一问题。

我的生涯笔记——高中生涯发展指导手册（三分册）

## ？ 想一想

（1）当与父母之外的其他人发生职业生涯方面的决策不一致时，要如何处理呢？

（2）结合本节课学习的与父母冲突的处理方式，想一想你的应对方式。

# 迈向我的大学

## ——提前适应大学生活

## 读一读

### 学霸 twins 的适应与规划

双胞胎姐妹马冬晗和马冬昕，在 A4 大小的纸上，密密麻麻地写着周一至周日各个时间段的学习生活安排："复习大学物理"、"听 CNN"、"完成作业"、"预习代数"等。被同学随手拍下并发布在人人网上后，几天的点击量和转发量过万。姐妹俩申请清华大学本科生特等奖学金的答辩视频更是在网络上疯传，视频中马冬晗的自我介绍让网友纷纷惊呼"太牛了"：三年学分成绩名列专业第一名，单科最低成绩 95 分，还成为精密仪器系历史上首任学生会女主席……自此她们被封为"清华学霸 twins"。

大学的学习方式和学习内容都和高中有着极大差异，学霸 twins 也和大多数新生一样，在刚进入大学时经历过一段迷茫期，还曾评价自己"适应能力差"。比如大一时，专业必修课机械制图和微积分课程就困扰了马冬晗很久。虽然自己高中相关科目物理和数学成绩都很好，但这两门课对数理及空间思维的要求远高于高中水平，她回忆当时的状态是"常常望着一黑板的板书不知所云"。

凭借着强大的独立自主学习能力，姐妹俩开始积极适应大学生活。听不懂的课就用笔记的方式一字不落地抄下来，坚持紧跟着老师。还制定了周计划表，每周把时间合理分配下来，每天都要总结"计划完成情况"、"学习情况"等。表上还时常出现"高效、专注"、"积极、平和"、"多思、少言、必行"等自我激励的话语。这样一天天坚持下来，到了大二时，姐妹俩就完全跟上了老师的节奏，真正把进度把握在了自己手中，成绩跃居专业第一。

大学生活也不再只有读书和学习。姐妹俩在课余加入了清华大学国旗仪仗队，还一直把体育运动作为休闲娱乐的方式，学校和院系组织的中长跑、乒乓球、排球、羽毛球等比赛中也不乏她们的身影。学霸 twins 说，"生活中不可能每天只处理一件事情，我们要学会均衡地分配时间。"

积极地适应与规划，让"适应能力差"的新生，终于修炼成了"学霸"。而在高中的我们，此刻更可以占得先机，提前展望大学，适应大学生活。

## 学一学

## 大学生活与高中生活的不同

### 学习的改变

在高中，学生有固定的班级和教室，每天在老师和家长的督促下学习。大学里,班级观念淡化,没有固定教室,一二百人一起听课,上课常常像打游击战。同时,大学生有了更多自由支配的时间,以自主学习为主。大学的学习也不仅仅是书本知识的学习,社会调查、实验操作、技能训练、社会实践等等都是非常重要的学习内容,对大学生的成长和进步来说不可或缺。

## 生活的改变

高中生活大多是在父母身边,环境和人际关系都很单纯。进入大学后,远离父母,要独立处理生活中的一切事情。同时,大学同学来自天南海北,由于地域、文化、学习背景、生活习惯等的不同,往往会导致人际关系紧张。这些生活上的改变,要求大学生不断掌握独立自主、沟通理解、处理冲突等能力。

## 师生关系的改变

在高中,老师主要是知识的传授者和学习的督促者,会主动提供帮助,学生则按照老师的要求认真学习、完成任务即可。然而,大学里,老师很少会追着学生学习,而是鼓励学生跟老师主动、开放式地探讨问题,提出自己的观点。

## 评价体系的改变

高中以学习成绩为最主要的目标,但是到大学之后,评价标准变得多样化,个人综合素质和能力成为评价的焦点。例如,有的同学学习成绩好可以得到奖学金;有的同学社团工作好,可以得到表彰鼓励;有的同学擅长创业,可以有自己的小公司。评价体系的改变让我们不以单一的标准评价人。但是与此同时,这对我们如何适应多种角色,提出了更高的要求。

## 提前为大学生活做准备

录取结果确定后,我们会迎来悠长而悠闲的假期。在这个假期中,除了充分释放高考的紧张和疲惫,尽情享受无压时光之外,我们还可以提前做一些准备,以更好地适应大学生活。

**掌握生活技能。**大部分学生在上大学之前都是走读,没有离开父母生活的经历。特别是高三阶段,家长更是全力做好"后勤工作",把孩子的生活照顾得异常周到。大学后要独立处理生活中的各项事务,很多大一新生会出现难以应付的问题。因此,我们可以通过主动承担家务、独自旅行、游学等方式,提前模拟独立生活的场景,掌握必备的生活技能。

**加强自我管理。**大学课程每天数量不同,上课和下课时间也不一样。老师对大学生的学习监管也不像高中那么严格,学习生活完全凭自觉。大学生需要具备自我管理的能力,有规律地自主生活和学习,才能度过健康有益的大学生活。

**熟悉大学及所在城市。**大学及所在城市是大学四年生活的重要环境,提前熟悉和了解可以消除初入大学时的陌生和紧张,帮助我们更好地适应大学生活。如条件允许,可利用暑假时间到大学及所在的城市参观旅游,体验当地的人文和生活。同时,也可以通过网络,或者向在同一所大学的亲戚朋友、学长学姐们请教等多种途径来了解。

**认识同学及校友。**上大学后要离开熟悉的同学和朋友,和陌生人一起生活、学习。因此,提前认识未来会朝夕相处的同学和校友,可以帮助我们快速地融入新环境。上大学前,可以通过大学内部论坛、大学官网、校友 QQ 群、人人网等来认识和联系大学同学。同时,也可以关注大学在暑期为大一新生准备的活动,实际地参加和体验,不但可以结交朋友,还可以熟悉大学环境,一举两得。

**"预习"专业知识和技能。**大学学习和高中截然不同,不但学习内容要求高,还需要学生有较强的自我管理能力。提前了解大学专业知识和技能,便于利用暑期补足知识储备。同时,也可以提前安排大学的学习计划,避免措手不及。

**拓展兴趣及能力。**大学生活与职业生活紧密联接,除了专业学习之外,大学阶段还可能参与社团活动、社会服务、企业实习等各项实践活动,是我们拓展视野、发展兴趣和锻炼通识能力的好机会。因而,在大学之前的假期中,我们就可以有意识地参与到兴趣小组、公益服务、主题夏令营等各类活动中去,尝试开发自己感兴趣和擅长的领域,以便在大学入学后,更有针对性地参与实践活动。

## 练一练

### 心中的大学

请根据自己对大学的了解,画出你心中的大学图景。

**分享:**

(1) 你心中的大学生活是什么样子?

(2) 对你而言,大学生活中,最大的挑战可能是什么? 为什么?

## 做一做

每个同学可以找到自己的亲戚,或者学长学姐,参考以下问题访谈 2~3 位大学生,让他们谈谈大学与高中的种种不同。

参考访谈提纲:

（1）你觉得大学和高中最大的区别是什么？

（2）初入大学时，你印象最深的不适应的地方是什么？你是如何调整自己的？

（3）你觉得为了更好地适应大学生活需要提前做哪些准备？

……

请补充你感兴趣的访谈问题，并选择任意形式展现你的访谈结果和收获。

**? 想一想**

（1）大学之后，我们可能会增加哪些生涯角色？

（2）为了更好地适应大学生活，我们可以提前做些什么准备？

# 活出多元的我

## ——在大学中多元发展

## 读一读

### "风云人物"小雪

　　小雪，北京某传媒类大学大三学生。身兼校学生会文艺部部长、院学生会主席、校广播台播音主持、校刊编辑等数职，活跃于校级、院级各类歌唱比赛、联欢会等文艺演出中，是著名的校园"风云人物"。

### "兼职控"培培

　　培培，上海某师范大学大三学生。自大三起，学校课程较少，培培便开始神龙见首不见尾，想在学校找到她，基本只能在半夜。周末家教，周一周二在某教育培训公司兼职课程设计，周三周四在某中职学校兼职讲师，只有周五有课才在校上课，舍友们都叫她"兼职控"。

我的生涯笔记——高中生涯发展指导手册(三分册)

## "学霸"嘉俊

嘉俊,成都某理工大学大四学生。在大多数同学还在奔波于找工作和考研,为毕业后的着落而担忧的时候,嘉俊已经以专业成绩第一、全国科技创新比赛一等奖、权威学术期刊发表论文两篇的骄人战绩保送中科院硕博连读,是名副其实的"学霸"。

## "山顶洞艺术家"阿薇

阿薇,香港某综合类大学大二学生。自小喜欢文学和漫画,立志成为朱德庸一样体察时代脉搏、用笔触动人心的漫画家。除上课之外,大多数时间都在宿舍阅读、写作和画画,其短篇作品多次投稿成功,在杂志、网络上发表。由于住在上铺,常在床上读书作画,被昵称为"山顶洞艺术家"。

## "校园董事长"宁毅

宁毅,天津某工商大学大三学生。大一开始在学校做校内外卖、校园小卖部等小生意,参加创业社团,大二起开始办起微信商务平台,联络供应商、开辟销售渠道等,每天忙得不亦乐乎,还聘请有兴趣的大一新生兼职运营平台。同学们开玩笑地称他为"校园董事长"。

大学"达人"各型各款，你想成为哪种"达人"呢？

**学一学**

进入大学后，生涯发展阶段从试探期进入转换期。我们的生涯角色愈渐丰富，更接近职业世界，也有更多机会在学校、休闲活动和打工经验中，进行自我试探、角色探索和职业探索。因而，不同于高中阶段大多数学生多以高考为最主要目标，大学阶段的发展目标与任务变得更加多元化。

除了基本课程之外，学业发展、培养社会实践经验、发展职业兴趣及能力、拓展人际关系、建立感情生活等等也占据了极其重要的地位。同时，在相对开放、自主的大学文化氛围下，大学生可以自由选择多种途径来实现自我发展。

以下述各方面为例，本节将对大学后多元发展的各种可能性进行探讨。

**学业发展。**大学学习不再有高考这根唯一的指挥棒，我们可以根据自己的学业兴趣和热情，选择不同的学业路径。如对学术研究没有兴趣的同学，可以选择本科毕业后直接就业；有多项专业兴趣的同学，可以选择辅修或双学位；对专业有深入研究意愿的同学，可以选择国内读研读博，也可以到国外的不同教育体系和文化背景下继续深造。

**丰富社会实践经验。**社会实践是锻炼自己的做事能力、提早熟悉社会文化的好机会。大学常见的社会实践有公益活动、暑期实习、家教等。不同工作所学的内容也不相同,因此,应充分了解自己的需求,并有针对性地做出选择,才能获得最大的收获。

**培养职业志趣及能力。**大学与职业阶段紧密相连。初步确定职业方向是大学生的重要课题之一。不论是以所修读的专业还是专业外兴趣作为职业发展方向,都要有针对性地培养技能和能力,为将来就业奠定基础。根据就业方向的不同,可以有不同的方式积累能力,如:通过参加和组织学生活动、社会活动,培养沟通、组织协调等通识能力;通过参加竞赛、社团、培训或实习,磨练专项职业技能,提前了解和接触职业圈子,结识职业人士;还可以通过争取企业投资、电子商务等方式自我创业。

**拓展人际关系。**提升人际交往能力、拥有良好的人际关系是大学集体生活和未来职业生活的必要技能。大学的人际互动与高中大为不同,每堂课会遇到的同学可能都不一样,这代表大学生的人际交往更多元,因此学习与他人沟通,与不同的人相处及合作,是大学生必修的人际关系学分。

**建立感情生活。**谈恋爱是学习与他人建立亲密关系的过程。每个人都是独立的个体,学习尊重及处理亲密关系中的冲突和矛盾、保有亲密关系的同时给自我和对方独立的空间都是人生的重要课题。①

大学生的多元发展因人而异,每个人根据个人特质和所处环境不同,可能有不同的目标和侧重点。无论我们的目标是什么,都需要尽早进行有效的管理和规划,并在行动过程中根据进展情况不断调整和适应,才能合理而有效地利用大学4年的宝贵时光,实现自我。

---

① 林斐旻,薛凯方,陈思琪.生涯规划[M].台北县:泰宇出版,2015.

**练一练**

## 描绘我的大学地图

你的大学多元发展目标都有哪些？针对这些目标，大学 4 年你打算做些什么来实现它们？

请参考范例，用文字或图画的方式表达出自己独特的"大学地图"。

| 发展方式<br>时间 | 我的大学目标 | | | | |
|---|---|---|---|---|---|
| | 例：学业 | | | | |
| 大一 | 认真学习和理解专业学习内容，考虑其发展方向。 | | | | |
| 大二 | 每学期选修或旁听喜欢的其他专业的课程，拓展知识面。 | | | | |

我的生涯笔记——高中生涯发展指导手册(三分册)

（续表）

| 时间 \ 发展方式 | 我的大学目标 | | | |
|---|---|---|---|---|
| | 例：学业 | | | |
| 大三 | 确定自己喜欢的领域,准备学业深造,或拓展就业所需的专业知识技能。 | | | |
| 大四 | 准备深造,或就业所需专业知识技能。 | | | |

**分享：**

（1）你的大学多元发展目标都有哪些？为什么以它们为目标？

（2）你计划大学 4 年做些什么来实现目标？

## 做一做

请学生选取一个自己感兴趣的大学,浏览学校网站、论坛等,搜集至少 3 个感兴趣的大学活动或学习平台,并在下节课时向同学分享。

（1）到了大学，你的选择会比高中多了很多，你觉得选择变多的利弊各是什么？

（2）你如何充分利用大学里选择多元化，可能会带给你的益处？又如何避免选择变多带来的问题或风险？